Peter Wandler

Eine weitere Geschichte zum Leben

Widmung:

*Allen Menschen, die sich auf die Suche nach sich selbst
und dem Geheimnis des Lebens begeben.*

Peter Wandler

Eine weitere Geschichte zum Leben

Bibliografische Information der Deutschen Nationalbibliothek:
Die Deutsche Nationalbibliothek verzeichnet diese Publikation in
der Deutschen Nationalbibliografie; detaillierte bibliografische Da-
ten sind im Internet über http://dnb.dnb.de abrufbar.

Umschlagsgestaltung BoD- Books on Demand, Norderstedt,
Umschlagsbild Peter Thiel
Herstellung und Verlag: BoD- Books on Demand, Norderstedt

ISBN: 978-3-7528-8001-4

Inhalt

Vorwort

Wenn wir unsere sichtbare Welt betrachten, werden wir feststellen, dass tagtäglich viele Dummheiten und Irrtümer von uns Menschen begangen werden. Bereits in der Vergangenheit der letzten Jahrhunderte wurden Fehler begangen, mit denen wir heute zu tun haben oder noch zu tun bekommen. Nur die wenigsten Staatsführer und anderen Persönlichkeiten aus dem öffentlichen und nicht öffentlichen Leben legen und legten das Wohl der Menschen und ihrer Umwelt in den Mittelpunkt ihres Schaffens. Ihr Handeln ist und war auf Nachhaltigkeit ausgerichtet.

In unserem täglichen Leben werden wir mit einer Vielzahl von Herausforderungen konfrontiert. Da sind es zwischenmenschliche Beziehungen, die uns beschäftigen. Die Situationen mit anderen Menschen im Familien-, Freundes- oder beruflichen Bereich können Einfluss auf unser Leben und somit auf unsere Stimmungen nehmen. Zusätzlich werden wir immer wieder vor wichtigen Entscheidungen stehen. Und diese Lebensentscheidungen werden oftmals von Ängsten, die mit der Ungewissheit vor der Zukunft einhergehen, begleitet. Und irgendwann einmal stellen sich einige von uns in ihrem Leben die folgenden Fragen: Warum lebe ich? Gibt es in meinem Leben überhaupt einen Sinn? Ist diese Welt ein Zufallsprodukt? Wenn nein, was soll dann das Ganze? Das Leben an sich ist so vielfältig, dass sicherlich mehrere Bände einer Buchreihe nicht ausreichen dürften, um alle Themen anzusprechen. Ich werde jedoch versuchen, auf die aus meiner Sicht wichtigsten Fragen im Leben eines Menschen einzugehen. Und im Idealfall kann dieses Buch sie auf ihrem persönlichen Lebensweg begleiten und eine Hilfestellung zum Verstehen des Lebens geben.

1. Beginn des menschlichen Lebens.

Wir Menschen haben irgendwann einmal, dass Licht dieser Welt erblickt. Und diesen Weg der Geburt werden auch die zukünftigen Generationen von Menschen gehen, soweit dieser Planet mit seiner Umwelt auch weiterhin die Möglichkeit bietet, hier zu leben. Es ist ein Weg der Wunder. Unzählige Faktoren bestimmen in einem genau festgelegten Ablauf, wie sich aus einer befruchteten Eizelle ein Körper entwickelt. Wissenschaftler können heute erklären, welche einzelnen Schritte in der Zellteilung vorkommen, jedoch nicht, was diesen Ablauf veranlasst. Und nach 9 Monaten betritt das Neugeborene diese Welt. Es hat einen Körper, der funktionsfähig ist und besitzt zusätzlich ein Bewusstsein zu leben. Mit seinen Sinnen beginnt es, seine Eltern und die Umwelt in dieser gegenständlichen Welt wahrzunehmen.

Viele Menschen in der heutigen Zeit werden ihr eigenes sowie das gesamte Leben, wie auch die Geburt, als Zufall abtun. Dabei übersehen sie, dass bei der Geburt nicht nur ein Körper geboren wird, sondern eben auch ein Mensch mit Bewusstsein. Und dieses Bewusstsein macht das spätere Menschsein aus. Der tote Körper eines verstorbenen Menschen besitzt kein Bewusstsein mehr. Es muss sich somit etwas im Körper befinden, dass dieses Bewusstsein bewirkt. Gläubige Menschen sprechen in diesem Zusammenhang von einer Seele, von einem Selbst oder einem göttlichen Funken.

Aus der Sicht der heutigen Medizin befindet sich das menschliche Bewusstsein im Gehirn. Wäre keine Gehirntätigkeit mehr zu messen, würde das bedeuten, dass der Mensch tot ist, auch wenn seine Körperfunktionen ganz oder teilweise noch aktiv sind. Bereits im Mutterleib entwickelt sich dieses Bewusstsein. Sonst wäre es nicht zu erklären, womit der werdende Mensch die Stimmungen seiner Mutter und der Umwelt wahrnehmen könnte. Gerade aus diesem Grund wäre es sehr wünschenswert, dass jede werdende Mutter und jeder Vater sich entsprechend verhalten. Damit ist das bewusste Muttersein und Vatersein eine wichtige Voraussetzung dafür, dass sich der Neuankömmling als erwünscht und geliebt empfinden kann. Eltern, die sich diesem Wunder der Geburt nicht bewusst sind, werden sich bestenfalls als Mutter und Vater bezeichnen. Und selbstverständlich gehört für alle Eltern dazu, Verantwortung für das Neugeborene zu übernehmen. Ebenso müssen im weiteren die menschlichen Grundlagen wie Liebe, Erziehung, Wertevermittlung und Bildung hinzukommen.

Und damit beginnen die vielen Irrtümer der Menschen auf dieser Welt. Aus Unwissenheit und manchmal auch Desinteresse an den Kindern legen bereits die Eltern die Grundsteine für die Probleme dieser Welt. Aber auch das jeweilige Umfeld, in das Kinder hineingeboren werden, kann zu einer problematischen Entwicklung führen. Jedes Kind sollte als einzigartiges Wesen von den Eltern und der Gesellschaft angesehen werden. Jeder Mensch lebt eine Zeit lang auf diesem Planeten und ist somit auch für die Gestaltung der individuellen und allgemeinen Lebensumstände wichtig. Wäre das durch die Menschen seit Anbeginn unserer Zeitrechnung berücksichtigt worden, dann hätte die menschliche Entwicklung einen anderen Verlauf genommen.

Nun ist der neue Erdenbürger geboren und nimmt diese gegenständliche Welt und seine Eltern über die angeborenen Sinne wahr. Ideal wäre es, wenn die Eltern ihrem Kind liebevoll begegneten. Wenn vor oder nach der Geburt die Mutter oder der Vater ihr Kind ablehnen, kann das eine gestörte Entwicklung zur Folge haben. Es kommt oftmals zu Bindungsängsten, d.h. zu einer Schwierigkeit, eine Bindung zu einem anderen Menschen aufzubauen und/oder einzugehen. Das elterliche Verhalten wird grundsätzlich nicht folgenlos bleiben, sodass das zwangsläufig wiederum auch Folgen für unsere Gesellschaft hat. Genau genommen sind die Eltern die Stellvertreter der Schöpfung und haben somit bestimmte Rollen in der Erziehung des Kindes zu erfüllen. Zu der Mutterrolle gehört zum Beispiel das Wecken des Kindes, das Erstellen eines Tagesplanes, das Einkleiden und auch das Spielen. Die Vaterrolle beinhaltet die Einhaltung der Ordnung im Kinderzimmer, die Hausaufgabenbetreuung und das Anregen zum Erforschen und Entdecken der Welt. Somit sollte er seine Aufgaben als Lehrer und Berater ansehen. Grob gesagt ist die Mutter für den Bereich innerhalb des Hauses oder der Wohnung zuständig und soll mit dem Kind liebevoll umgehen. Der Vater ist im Außenbereich aktiv und für eine gewisse Strenge zuständig. Er gibt Regeln vor und überprüft deren Einhaltung. Auch das hat selbstverständlich liebevoll zu geschehen.

Oft gestalten sich die Erziehung und die Vermittlung von Werten für die meisten Eltern als schwierig. Ein Grund dafür liegt sicherlich auch in der selbst erfahrenen Erziehung. In manchen Familien kommen dann noch religiöse Vorgaben hinzu, die eine Entwicklung in bestimmte Richtungen vorgeben. Unter Umständen können sie jedoch die freie Entwicklung des Kindes stark einschränken. Im idealen Fall werden die Eltern in ihren Erziehungsmethoden die Entwicklung des Kindes bewusst unterstützen. Da, wie bereits erwähnt, viele Familien mit der Erziehung überfordert sind, sollten aus heutiger Sicht alle Kinder einen Kindergarten oder eine Kindertagesstätte besuchen, insbesondere Kinder aus Familien, die als bildungsfern gelten. Alle Kinder, auch die aus Flüchtlings- und Emigrantenfamilien, könnten dadurch bereits Bildung und Sozialverhalten erlernen. Damit wäre bereits kurzfristig etwas für die gesamte Menschengemeinschaft getan. Kurzfristig, aber mittel– und langfristig wird das nicht ausreichen. Es muss bei aller Unterschied-lichkeit ein Miteinander der Menschen gelebt werden. Bildung und Sozialverhalten werden in der Zukunft eine große Rolle spielen, denn nur mit diesen können die gemeinsamen Herausforderungen der Menschheit gelöst werden.

Wenn das Kind-Eltern-Verhältnis gestört ist besteht die Gefahr, dass sich das Kind energetisch von der Schöpfung abkoppelt. Das bedeutet für das Kind aber nicht, seine Eltern bedingungslos zu lieben. Besonders wenn diese ihren Erziehungsaufgaben nicht nach-kommen. Auch sich einem unmenschlichen Lebensumstand (Miss-achtung, Gewalt, Alkohol usw.) auszusetzen, kann nicht Sinn des eigenen Lebens sein. Doch sollte das Kind darauf achten, bei all den negativen Erlebnissen mit seinen Eltern oder einem Elternteil die wenigen guten Erlebnisse als Erinnerungsbasis zu behalten. Das ist sicherlich nicht einfach. Doch besteht nur darin die Möglichkeit, sich einem bestimmten Teil der geistigen Energie, der Schöpfung nicht zu verschließen. Der Grund liegt darin, dass bereits vor Jahr-tausenden diese Eltern-Kind-Beziehung so vorgegeben wurde. Da-mals konnte die Schöpfung noch nicht ahnen, was der Ego-Anspruch der Menschen so alles auf diesem Planeten anrichten sollte.

Wenn wir zurückblicken, dann wurden für unser eigenes Leben die Grundsteine von der Kindheit bis zum Erwachsensein von ver-schiedenen Faktoren bestimmt. Diese Faktoren waren nicht immer gerade förderlich für uns. Und auch weltweit wurden und werden weiterhin viele Fehler in der Erziehung und Bildung der jungen Menschen gemacht. Kinder, die bereits in ihrem Leben arbeiten müssen, werden um ihre Kindheit betrogen. Wobei sie damit eine eingeschränkte Möglichkeit der eigenen Wahrnehmung, ihrer Per-son und des gesamten Lebens erfahren können. Das wiederum hat zur Folge, dass sie das Leben frühzeitig als Überlebenskampf ansehen. Ein Leben, das von der Schöpfung als Spiel angelegt wurde, hat damit seinen eigentlichen Sinn verloren.

Die Vorbild- und Erziehungsfunktion der Eltern spielt natürlich auch eine große Rolle im Leben eines Kindes. Leider gibt es oft Eltern, die bestenfalls als Erzeuger ihrer Kinder angesehen werden können. Aber auch Eltern, die ihre Kinder dem Leistungsdruck aussetzen - sei es nun in der Schule oder im Sportverein - und so vom wirklichen Leben abhalten, gehen einen falschen Weg. Natürlich können sie sich einreden, dass alles nur dem Wohle des Kindes dient. Aus ihrer Sicht ist es nur mit guten Noten in dieser Welt möglich, eine besondere Ausbildung oder einen Studienplatz zu bekommen. Oder die Ansicht, nur mit bestimmten Begabungen, die bereits in Kinderjahren trainiert werden müssen, ist es möglich, ein Star zu werden. Genaugenommen möchten die Eltern dann auch etwas von dem späteren Ruhm abbekommen. Sie wollen dadurch auch ihre eigene Person aufwerten. Jedenfalls dann, wenn der Erfolg ihrer Sprösslinge nicht ausbleibt. Nur die Kinder werden in allen genannten Varianten nicht ihr wirkliches Leben und Erleben erfahren. Und wenn sie sich dadurch beeinträchtigt fühlen und aufbegehren, gelten sie als verhaltensauffällig. Verhaltensauffällig sind eher die Eltern, die ihren Kindern Medikamente verabreichen, um sie ruhig zu stellen und ihren freien Willen unterdrücken und dadurch schädigen. Mit anderen Worten: Die Kinder werden gezwungen ein Leben zu leben, das nicht ihren eigenen Veranlagungen und Vorstellungen entspricht. Doch alle diese Kinder werden älter und sind später ein Teil der menschlichen Gemeinschaft, in die sie sich dann mehr oder weniger einbringen werden.

2. Der Sinn des Lebens

Wenn Sie Menschen in ihrem Umfeld auf ihren Sinn des Lebens ansprechen, dann erhalten sie meist folgende Aussagen: Ihr Sinn besteht darin, ein Haus zu bauen, zu heiraten, seinen Kindern ein Studium zu ermöglichen, ein gutes Auto zu fahren, ein- bis zweimal im Jahr in Urlaub zu fahren und beruflich Karriere zu machen. Dazu wollen sie in Sicherheit leben. Das hoffen sie zu erreichen, indem sie in einem weitgehend sicheren Land wohnen und sich zusätzlich gegen alle möglichen Lebensrisiken absichern. Da die meisten Menschen ihr Leben als Zufall abtun und sicher sind, auch nur ein Leben zu leben, reicht es Ihnen vollkommen, diesen Sinn für sich anzunehmen.

Aber worum geht es wirklich? Wie sie bereits vermuten oder vielleicht auch wissen, sind wir geistige Wesen, die zu einem bestimmten Zeitpunkt in dieser materiellen Welt inkarnieren. Dadurch erhalten wir die Möglichkeit, in einem Körper vielfältige Erfahrungen zu sammeln. Es geht somit um die Wahrnehmung des gesamten Lebens auf diesem Planeten. Und darum, unsere eigene Person zu erfahren mit ihren vielfältigen Veranlagungen und Begabungen. Das sollte auch die Grundlage für unsere berufliche Tätigkeit sein. Selbstverständlich ist im Sinn des Lebens die Verantwortung für unser Leben und für die menschliche Gemeinschaft miteingeschlossen.

Dazu kommt noch etwas. Es geht um die Rückbesinnung unserer eigentlichen geistigen Herkunft. Wir haben in unserem Leben gelernt, ICH zu sagen. Somit haben wir ein Ego beziehungsweise einen Ich-Anspruch entwickelt. Das mag in vielen Fällen des Lebens durchaus hilfreich sein. Diesem Ich-Anspruch bieten die großen

Religionen verschiedene spirituelle Wege an. (Zen im Buddhismus, Sufismus im Islam, Mystik im Christentum, Kabbala im Judentum) Alle diese Wege können zu einer spirituellen Gotteserfahrung führen. Ob sie nun eine Instanz/Gott für sich annehmen oder auch nicht, sie können vom Glauben über das Erleben zum Wissen kommen. Es ist das Erleben, eins zu werden bzw. zu sein mit der göttlichen Instanz. Denn genaugenommen ist jeder Mensch bereits Teil dieser göttlichen Einheit. Und diese persönliche Erfahrung vermitteln die spirituellen Wege. Ein Lehrer kann auf dem Weg hilfreich sein, ist aber nicht zwangsläufig notwendig.

3. Das Ego oder der Ich-Anspruch des Menschen

Jeder Mensch entwickelt in seinem Leben einen mehr oder weniger starken Ego-Anspruch. Also den Anteil in uns, den wir als unser Ich annehmen und auch so bezeichnen. Das geschieht in aller Regel bereits in der Kindheit. Damit erhalten wir die Möglichkeit, uns mit einem Namen ansprechen zu lassen und als scheinbar eigenständiges Wesen in diese menschliche Gesellschaft einzubringen. Natürlich bedeutet es auch, die Verantwortung für das eigene Leben und Handeln zu übernehmen. Einige Menschen setzen sich Ziele, die sie für ihr Leben als richtig und wichtig ansehen. Das könnten aus menschlicher Sicht ein Berufsabschluss, ein Studium, ein Auslandsaufenthalt, eine Heirat, ein Hausbau und vieles mehr sein.

Zusätzlich ermöglicht die Entwicklung eines Ich-Anspruches das Rollenspiel im Leben des Menschen. Wir nehmen bestimmte Rollen wahr. Ein Vater kann gegenüber seinen Kindern die Vaterrolle einnehmen, gegenüber seinen Eltern ist er eher wieder in Rolle eines Kindes. An seinem Arbeitsplatz nimmt er im Rollenspiel den Kollegen, Ausbilder oder den Vorgesetzten für sich ein. Alle diese menschlichen Rollen sollten als Spiel des Lebens verstanden werden. Damit sind vielfältige Erfahrungen in unserer materiellen Welt verbunden. Problematisch wird es in einem Leben immer dann, wenn der Mensch seine Rollen überbewertet und sich mit diesen vollständig identifiziert. Somit werden diese zum einzigen Lebensinhalt und können zur Arroganz und Überheblichkeit führen. Zusätzlich wird sich der Mensch auch nicht mehr selbst infrage stellen und sein eigenes Handeln und Tun hinterfragen. Das Spiel des Lebens ist somit beendet und eine Entwicklung kaum mehr möglich. Diese Rollenspiele hegen natürlich den Wunsch, Anerkennung für seine übernommenen Rollen zu erhalten.

Anerkennung und Wertschätzung der eigenen Person

Geprägt von unserem Elternhaus, der Schule, des Sportvereins und unserem sozialen Umfeld begeben wir uns in eine Welt auf der ständigen Suche nach Anerkennung. Neben der Anerkennung unserer Person wollen wir natürlich auch geliebt werden. In diesen Bedürfnissen liegen einige Gründe dafür, dass wir Enttäuschungen und somit Leid erfahren werden. Und zwar immer dann, wenn wir aufgrund unseres Verhaltens nicht die gewünschte Anerkennung oder Zuneigung bekommen. Genau genommen erbringen wir oft eine Leistung, die von anderen Menschen nicht wertgeschätzt und somit als wertlos oder nicht erwähnenswert angesehen wird. Das kann in einer Partnerschaft, im Freundeskreis oder im beruflichen Alltag geschehen.

Viele Mitmenschen sind aufgrund ihrer eigenen Lebenserfahrungen und angenommenen Prägungen nicht in der Lage zu loben oder einem Menschen eine Form von Wertschätzung entgegen zu bringen. Die Wertschätzung ist somit auch die Anerkennung des Menschseins. Und diese sollte jedem Menschen zu Teil werden, selbst bei allen menschlichen Unterschieden, die es zur eigenen Person geben könnte. Auch das Wort „Danke", als geringster Teil der Anerkennung, scheint bei einigen Zeitgenossen aus dem Wortschatz verschwunden zu sein. Dieser Umstand stellt leider in unserer Zeit eine große Herausforderung dar.

Fehlt die Anerkennung oder Wertschätzung der eigenen Person, so sucht der Mensch hierfür einen Ausgleich. Und diese Suche kann wiederum zu leidvollen Erfahrungen führen. Einer der scheinbaren Wege, den Menschen suchen und gehen, ist der Weg in die Sucht. Beispielsweise versuchen Menschen, durch die Einnahme von Drogen ihrem Leben und/oder ihrem Lebensumfeld zu entfliehen. Sie meinen, dass nur mit dem Konsum von Drogen erreichen zu können. Tatsächlich nimmt der Süchtige für einen begrenzten Zeitraum seine Umgebung nicht mehr wahr. Damit beginnt ein Teufelskreis. Süchtig kann ein Mensch auch nach vielen materiellen Dingen werden. Manche Menschen kompensieren mit einer Kaufsucht den Ausgleich für die Nicht-Anerkennung, die Ihnen von anderer Stelle fehlt. Oder es wird versucht, im Glücksspiel einen großen Gewinn zu machen, mit dem man dann das eigene Leben in neue Bahnen lenken könnte. Bestimmte Kleidung zu kaufen, die scheinbar die eigene Person aufwertet, resultiert ebenso aus fehlender Anerkennung. Jede Sucht ist und bleibt ein gewaltsames Suchen. Gewaltsam, weil sich die Sucht immer gegen einen selbst richtet. Das Leid, das eine Sucht verursacht, betrifft nicht nur den Süchtigen, sondern auch sein gesamtes Umfeld.

Oft suchen die Menschen für die fehlende Anerkennung nach einem Ausgleich in ihrer erhöhten Arbeitsleitung. Bei Arbeitgebern, die in diesem Bereich nicht in der Lage sind, das zu berücksichtigen, läuft auch hier der Mitarbeiter einem Phantom hinterher. Mitunter gibt es zumindest ein erhöhtes Gehalt, das aber nur indirekt eine

Anerkennung der Leistung wiedergibt. Im sozialen Bereich kann die persönliche Anerkennung jedoch auch von anderen Menschen kommen. Denn hier gibt es die Hilfebedürftigen, die mehr oder weniger für eine Unterstützung dankbar sind. Dadurch gewährleisten sie eine Anerkennung des helfenden Menschen. Der Helfende selbst kann davon auch seinen Lebenssinn ableiten. Einen weiteren Ausgleich auf ihrer Suche finden die Menschen in den unzähligen Vereinen oder bei einer ehrenamtlichen Tätigkeit. Dort sind bestimmte Positionen, die Anerkennung versprechen, scheinbar einfacher zu erlangen.

Wenn nun ein Mensch eine wichtige Prüfung, einen Berufsabschluss oder ein Studium erfolgreich beendet hat, kann er mit seiner Leistung zufrieden sein. Er hat sich diese Anerkennung durchaus verdient. Und sollte sich kein Mensch in seiner Umgebung dafür interessieren, erhält er zumindest eine schriftliche Bestätigung. Diese Zufriedenheit sollte gegenüber anderen Menschen nie zu Hochmut und Arroganz führen. Denn dafür gibt es keinen Grund. Wir Menschen haben den Wettbewerb um die besten Noten selbst gestaltet und vergessen dabei, dass wir in einer Gemeinschaft leben. Mit Menschen, die vielerlei Talente und Begabungen besitzen. Und diese menschliche Gemeinschaft soll und muss sich ergänzen. Wobei es keine Wertigkeit gibt zwischen den Aufgaben und Berufen, die der Einzelne zum Wohl der Gemeinschaft erbringt. Es geht vielmehr darum, mit vielen anderen Lebewesen gemeinschaftlich auf der Erde zu leben. Und darum das Wir, das bestmögliche aus unseren Begabungen und Beruf machen, um diese Welt zu gestalten und zu beschützen.

Besonders schwer haben es egoistische und sehr selbstverliebte Menschen in dieser Welt, denn Sie müssen aus Ihrer Sicht immer eine Maske des Starken und Unverwundbaren tragen. Diese benötigen für ihre Maske immer Menschen, die sie bewundern. Da es viele Menschen gibt, die über ein unterentwickeltes und somit über alle Maßen niedriges Ego-Bewusstsein verfügen, ergänzen sich beide hervorragend. Die einen wissen darum, klein und unwürdig zu sein, die anderen darum, wie scheinbar stark und außergewöhnlich sie sind. Es gibt also Untertanen wie zu Zeiten der Kaiser und Könige. Egoismus wird auf Dauer zur Einsamkeit eines Menschen führen. Er mag bewundert werden, jedoch wird er sich einsam fühlen. Denn um seine starke Maske aufrecht zu erhalten, muss er sich immer wieder etwas Neues einfallen lassen. Es gehören jedoch immer mindestens zwei dazu. Einer, der diesen Irrweg lebt und der oder die anderen, die ihm auf diesem Weg begleiten.

Nun gibt es drei Möglichkeiten, mit einer fehlenden Anerkennung umzugehen. Ein Mensch, der seine Suche in der menschlichen Gesellschaft nach Anerkennung aufgegeben hat, kann sich einen Minderwert zulegen. Er hat seine Suche beendet und ihm ist klargeworden, dass seine Umwelt wohl Recht hat, ihn als nicht wertvoll anzusehen. Das andere Extrem ist der Hochmut, aus dem sich die jeweilige Person einen Überwert ableitet. Beide Varianten sind und bleiben nur Gedankengebilde. Und weil daraus dann die jeweiligen Glaubenssätze zur eigenen Person abgeleitet werden, sind diese so prägend. Dazu kommt, dass es scheint, dass unsere menschliche Gemeinschaft nach diesen Prinzipien funktioniert.

Wenn ich dieses Buch schreibe, dann erfülle ich eine meiner Aufgaben auf dieser Welt. Aber dadurch bin ich nun nicht wertvoller als ein anderer Mensch. Jeder von uns wird mit seinen Begabungen und seinen erlernten Fähigkeiten zum Wohl aller beitragen können. Es ist nur die menschliche Sichtweise, die etwas besser oder schlechter, wertvoller oder wertloser, höher oder niedriger wertet. Der einzige Ausweg, diesem Kreislauf zu entfliehen liegt darin, sich seiner göttlichen Abstammung wieder bewusst zu werden. Menschen mit der Vorstellung, dass ihr Leben aus Zufall entstanden ist, werden und können sicherlich diesen Weg nicht gehen. Sie müssen in diesem Kreislauf verbleiben.

Wenn sie erkennen, nicht wirklich von dieser Welt zu sein, dann wird ihnen klarwerden, wer sie wirklich sind. Sie sind nicht der Körper, den sie besitzen. Sie sind weitaus mehr und verfügen über Möglichkeiten, die ihnen zu diesem Zeitpunkt noch nicht bewusst sein mögen. Die göttliche Anerkennung haben sie bereits durch ihr Leben auf der Erde empfangen. Und diese müssen sie sich nicht suchen oder erkämpfen. Diejenigen, die sich Ihrer Abstammung wieder bewusst werden wollen, erhalten von mir einen Weg aufgezeigt. Dieser Weg soll sie zu sich selbst führen und kann als Weg der Stille bezeichnet werden. Und die einzige Voraussetzung, die dafür von einem Menschen notwendig ist, ist die, den Weg zu beginnen.

Ggf. ist auch eine gewisse Anspannung bis hin zur Angst zu überwinden. Ich kann Ihnen den Weg aufzeigen, gehen müssen Sie ihn jedoch selbst. Bei allem Streben kommt noch etwas dazu. Es ist die göttliche Gnade. Am Anfang wird es erst einmal wichtig sein, dass Sie keine Erwartungshaltung haben. Es wird sich alles zur richtigen Zeit ergeben. Bei dem einen Menschen langsamer, bei einem anderen schneller. Wichtig ist, dass Sie die Übung zur Stille immer wiederholen. Bleiben Sie dabei. Was haben Sie zu verlieren? Sie können nur gewinnen. Und wenn Sie diesen Zugang wieder zurückgewonnen haben, dann hat Ihr Umfeld und somit diese Welt gleichermaßen gewonnen.

4. Übung zum Weg der Stille 1

Erwarten Sie nichts. Jede Erwartungshaltung kann nur hinderlich sein. Sie müssen nichts erreichen. Sie müssen einfach nur wahrnehmen.

„Beobachten Sie zuerst Ihren Atem. Atmen Sie ruhig oder atmen Sie zurzeit schnell? Wichtig ist es, dass Sie zur Ruhe kommen. Wenn Sie wirklich ruhig sind, dann wird sich Ihr Atem ebenso verhalten. Das sollte für Sie ein wichtiges Merkmal sein."

„Setzen Sie sich gerade auf einen Stuhl. Ihre Füße, mit oder ohne Schuhe, haben direkten Kontakt mit der Erde bzw. dem Boden. Ihr Rücken sollte gerade aufgerichtet sein und Ihre Hände liegen nach oben geöffnet auf Ihren Oberschenkeln".

„Lehnen Sie sich nicht an. Bleiben Sie gerade sitzen, auch wenn sie später diese Übung nochmals ausüben."

„Und nun schließen Sie die Augen. Gehen Sie im Bewusstsein von Ihren Augen zum Anfang Ihrer Wirbelsäule. Von dort gehen Sie jeden einzelnen Wirbel Ihrer Wirbelsäule langsam herunter, bis Sie das Ende erreicht haben. Das Ende wird auch als Steißbein bezeichnet. Lassen Sie sich für diesen Weg Zeit und gehen Sie achtsam diesen Weg".

"Wenn Sie am Steißbein angekommen sind, dann lassen Sie sich mit Ihrem Bewusstsein in Ihr Hüftbecken fallen. Und dort bleiben Sie".

"Was empfinden Sie? Nehmen Sie alle Eindrücke wahr, ohne Wertung. Hier können Sie SEIN. Sie müssen nichts erreichen oder tun. Sie sind einfach nur. Sie befinden sich in einem geschützten Bereich.

„Vielleicht steigen einige Gedanken in Ihnen auf. Nehmen Sie diese und setzen Sie sie in Ihrer Vorstellung auf eine Wolke. Und senden Sie die Wolke in Ihrer Vorstellung weg".

"Erwarten Sie nichts. Eine Erwartungshaltung kann sehr störend wirken. Beobachten sie einfach."

„Und nach einiger Zeit, die sie selber festlegen können, können sie sich auf den Rückweg machen".

"Den Rückweg beginnen Sie von Ihrem Becken aus und dort wieder zum Steißbein. Von dort gehen Sie achtsam in Ihrem Tempo die Wirbelsäule, Wirbel um Wirbel, wieder hinauf. Am Anfang der Wirbelsäule angelangt gehen Sie mit Ihrem Bewusstsein wieder zu Ihren Augen und öffnen Sie diese. Und nun danken Sie, ob Sie etwas wahrgenommen haben oder auch nicht. Wichtig ist, dass Sie danken und zwar dem, oder das, was Sie als das Höchste im Universum ansehen. Für diejenigen die damit eine Schwierigkeit haben, reicht es aus an dieser Stelle einfach leise Danke zu sagen".

Viele Menschen entwickeln in unserer Zeit Angst vor der Stille. Meist haben sie in ihren Wohnungen ein Radio oder einen Fernseher im Hintergrund laufen. Zusätzlich sind sie über ihr Smartphone oder einen internetfähigen Rechner immer und überall zu erreichen. Das Leben muss aus ihrer Sicht pulsieren. Und die Gesellschaft unterstützt diese Sicht- und Verhaltensweisen zusätzlich. Somit vermuten sie, dass "Stille" gleich "Stillstand" bedeutet. Das Geheimnis liegt darin, zur Ruhe zu kommen und sich auf diese Übung einzulassen. Es passiert auch in der scheinbaren Stille etwas. Lassen Sie sich überraschen.

5. Lernen durch Erfahrung

Jeder Mensch, der auf diesem Planeten inkarniert, lernt die gegenständliche Welt kennen. Zusätzlich wird er bei seinen Erlebnissen auch Empfindungen und Gefühle erleben. Gewissermaßen können wir durch unsere gemachten Erlebnisse in der Natur oder auch gerade mit anderen Menschen etwas lernen. Und durch diese Erfahrungen wird es für uns möglich, etwas über unsere Anlagen, Vorlieben und gemeinhin über unser Wesen in Erfahrung zu bringen. Bei den sogenannten Esoterikern oder Gläubigen einer Religion stellen sich oft die folgenden Fragen: Warum passiert mir das alles? Warum ist gerade mein Kind krank? Warum habe ich scheinbar nur Pech in meinem Leben? Warum ziehe ich immer die falschen Menschen an? Nun gibt es von Mystikern des Mittelalters bis in unsere heutige Zeit die folgende Aussage: Leid, also eine leidvolle Erfahrung, gehört zum Leben, durch die wiederum der jeweilige Mensch wachsen kann. Es scheint so, dass wir leiden müssen, um unserem Schöpfer näher zu kommen. Denn leidvolle Erfahrungen bedeuten ja auch, dass wir recht unvollkommene Menschen sind. Zusätzlich stellen die christlichen Kirchen auch das Leid in den Vordergrund und bilden damit eher leidvolle Religionen ab. Da wird sich aufgeopfert und gelitten. Ehen werden trotz Leid aufrechterhalten und führen zu traurigen und geistig verarmten Menschen. Familienangehörige werden bis zur eigenen Erschöpfung gepflegt. Und somit besteht das gesamte Leben für das pflegende Familienmitglied nur noch aus einem immer stärker werdenden Leistungsdruck. Das eigene Leben kann und wird nicht mehr gespürt. Ein leidvolles Leben gehört zu keinem Menschen. Es bedeutet aber nicht, dass ein Mensch anderen keine Hilfsbereitschaft oder Unterstützung anbieten sollte. Nur muss der Helfende nicht gerade sein eigenes Leben aufopfern. Das kann nicht Sinn und Ziel des menschlichen Lebens sein. Erinnern Sie sich an den Sinn des Lebens. Kann es richtig sein, wenn sie diesen Sinn nicht mehr leben können? Es mag von diesem Grundsatz einige wenige Ausnahmen geben. Jedoch stammen die Ausnahmen nicht von einem Menschen aufgrund seiner Lebensvorstellungen oder Gedanken. Wenn eine Mutter Theresa Großes in dieser Welt für die Menschen geleistet hat, dann hatte sie hierzu den göttlichen Auftrag. Auch sie hat in ihrem Leben nicht mitgelitten, sie hat den

16

Menschen Mitgefühl entgegengebracht. Und das ist ein gravierender Unterschied.

Genauso wenig gibt es einen strafenden Gott, der einem nur noch Pech und Probleme schickt, weil wir uns irgendwann einmal im Leben scheinbar falsch verhalten haben. Esoteriker erklären den Umstand auch gerne mit dem Begriff des Karmas. Das Karma bringt man aus früheren Leben mit, um es in dem jetzigen Leben zu erlösen. Somit kann man natürlich jeden Lebensumstand, ob positiv oder negativ als Karma auslegen. Verlassen Sie diese alten Gedanken. Sie sind auch früher nur teilweise richtig ausgelegt wurden. Wir alle haben nichts mehr mit Karma zu tun. Dieses Rad des Lebens ist aufgelöst worden.

Wodurch entsteht nun dieses Leid? Worin findet das Leid seinen der Ursprung? Das gesamte Leid ist menschlichen Ursprungs. Indem Menschen (deren Ego- oder Ich-Anspruch) einen Mangel für sich erkennen, kann dieser bei dem Einzelnen oder anderen Menschen zum Leid führen. Der Mangel an Geld kann zum Diebstahl am Eigentum eines anderen Menschen führen. Er kann aber auch unsere Natur oder andere Lebewesen betreffen, indem diese ausgebeutet werden. Das wiederum kann Folgen auf das gesamte Lebensumfeld vieler Menschen haben. Der Mangel an Liebe kann zur Hartherzigkeit führen. Ein Mangel an Anerkennung der eigenen Person zu Aggressivität. Diese Beispiele könnten unendlich weitergeführt werden. Durch ein menschliches Fehlverhalten entsteht auf der Seite des Verursachers oder auf der Seite des Geschädigten früher oder später immer eine leidvolle Erfahrung.

Der Mangel entsteht somit als gedankliche Vorstellung in einem Menschen. Das Feststellen eines Mangels im Leben deutet darauf hin, dass wir etwas benötigen. Um den Mangel zu beseitigen, suchen wir nach einer Ausgleichsmöglichkeit. Dieser Ausgleich kann auch in einem völlig anderen Lebensbereich liegen. Fehlt mir scheinbar ein Partner, so könnte der Ausgleich darin liegen, schöne Kleidung zu kaufen, teure Reisen zu unternehmen oder ein schnelles Auto zu fahren.

Wir erleben aktuell ein Leben, das durch zahlreiche Unternehmen und deren Marketingabteilungen stark beeinflusst wird. Da geht es immer um unser Bestes, nämlich um unser Geld. Die Wirtschaft lebt davon Produkte herzustellen und uns diese als neueste und modischste Innovationen zu verkaufen. Bestimmte Marken sind „in" und sollen somit auch dem Zeitgeist entsprechen. Ein Mensch, der sich diese Dinge nicht leistet oder leisten kann, ist recht schnell ausgeschlossen. Das fängt heute oft im Kindergarten oder spätestens in der Grundschule an. Ein Wettbewerb von Kleidung oder technischen Geräten, der bereits bei den Kleinsten anfängt, hat und wird schwerwiegende Folgen haben. Es wird zwangsläufig auf ein Leben hinauslaufen, in dem der Wert der eigenen Person von einem Besitz abhängig gemacht wird. Somit kommen wir wieder zurück zum menschlichen Wunsch um Wertschätzung und Anerkennung.

6. Die Wahrnehmung

Was bedeutet Ihnen ganz persönlich die Wahrnehmung des Lebens? Haben Sie sich diese Frage bereits gestellt? Oder sind Sie privat und beruflich so beschäftigt, dass Sie sich darüber noch nie Gedanken gemacht haben? Vielleicht haben Sie bereits eine Antwort gefunden. Ganz sicher werden Sie mit anderen Lesern Übereinstimmungen finden. Einige wenige Leser jedoch werden individuelle Antworten ergänzen wollen.

Ein Leben ohne Wahrnehmung ist ein verlorenes Leben. Das mag nun für Sie sehr hart klingen, jedoch sollten Sie dabei berücksichtigen, dass hierin ein Sinn des Lebens und somit des Menschseins liegt. Aber worum geht es nun bei der Wahrnehmung des Menschen? Sie alle besitzen die fünf Sinne. Sehen, Hören, Fühlen, Schmecken und Riechen. Aber leben Sie alle diese Sinne überhaupt? Wann haben Sie das letzte Mal an einer Blume gerochen? Oder wissen Sie wie sich Moos anfühlt? Alle diese genannten Sinne geraten in unserer heutigen Welt immer mehr in Vergessenheit. Solange Sie Ihren Verstand darüber entscheiden lassen, was sinnvoll in ihrem Leben zu tun oder zu lassen ist, solange werden sie auch keine Notwendigkeit erkennen, etwas an ihrer Wahrnehmung zu ändern. Würde die Wahrnehmung, also nur die bereits erwähnten fünf Sinne, von allen Menschen auf dieser Welt gelebt werden, dann gäbe es keine Umweltverschmutzung, noch würde man Raubbau an der Natur betreiben.

Neben den bereits erwähnten 5 Sinnen besitzt jeder Mensch noch weitere Möglichkeiten der Wahrnehmung. Um aber diese Wahrnehmungsmöglichkeiten zu gebrauchen, muss der menschliche Verstand ausgeschaltet werden. Denn jegliche Wahrnehmung würde sofort in Zweifel gezogen werden. Der Verstand des Menschen, der sicherlich sinnvoll ist, benötigt grundsätzlich klare Fakten, die am besten noch über die Augen sichtbar sind. Genau genommen ist der Mensch, also auch der Leser, auf diesem Planeten ein geistiges Wesen. Somit besitzt dieses geistige Wesen wohl einen sichtbaren Körper, aber darüber hinaus auch einen Geistkörper. Diese Geistkörper ist feinstofflicher Art. Es gibt zurzeit nur wenige Menschen, die solch einen Körper sehen können. Wahrnehmen oder empfinden ist jedoch für jeden Menschen möglich. Hierzu sollen sie eine Möglichkeit kennenlernen.

Setzen sie sich auf einen Stuhl. Achten sie darauf, dass ihre Füße Kontakt mit dem Boden haben. Sie können die Schuhe anlassen, oder auch ausziehen, je nachdem was für Sie angenehmer ist. Nun setzen Sie sich aufrecht auf einen Stuhl. Ihr Rücken befindet sich in einer geraden Haltung und ist nicht an der Rückenlehne des Stuhles angelehnt. Ihre Arme strecken Sie nach vorne, winkeln diese an und Ihre Hände halten Sie senkrecht. Ähnlich, wie wenn Sie klatschen oder applaudieren wollten. Bei unserer Übung halten Sie zwischen den Händen einen Abstand von 40-50 cm. Und nun schließen Sie die Augen. Mit geschlossenen Augen bewegen Sie Ihre Hände langsam aufeinander zu. Sobald sie einen leichten Widerstand bemerken, halten Sie inne und öffnen Sie Ihre Augen.

Wie weit sind ihre Hände noch voneinander entfernt? Was haben sie empfunden? Wenn sie etwas empfunden haben, dann ist es ihr Geistkörper. Haben sich Ihre Hände berührt? Dann wiederholen Sie nochmals die Übung. So lange, bis Sie auf einen gewissen Abstand eine Empfindung haben.

Welche Erklärung für diese Übung bietet Ihnen nun Ihr Verstand? Ist etwas zu empfinden, was nicht zu sehen ist? Könnte es nicht nur Einbildung sein? Nehmen wir mal an, sie hätten sich verliebt. Könnte so etwas auch nur Einbildung sein? Und wenn der erwählte Partner sich auch in Sie verliebt hätte? Alles nur Einbildung? Auf diesen Ebenen ist unser Verstand nicht besonders hilfreich, eher blockierend. Aber trotzdem gibt es sie, Ihre Wahrnehmung sowie die Liebe. Sei diese nun für den Verstand nachvollziehbar oder auch nicht. Damit dürfte Ihnen nun auch klar sein, dass es neben dieser sichtbaren Welt noch weitere Kräfte gibt, die existent und somit erfahrbar sind.

Denken Sie daran. Wir Menschen sehen die Welt durch eine Brille, die wir uns selbst aufgesetzt haben. Und diese Brille kann unsere Wahrnehmung mehr oder weniger stark einschränken. Es ist und bleibt unsere Entscheidung. Die beste Variante, die Sicht offen zu halten, ist das Interesse und die Neugier an den Menschen, anderen Lebewesen und natürlich an dieser Welt. Jede Einschränkung des menschlichen Verstandes wird zwangsläufig unsere Wahrnehmung behindern und somit vernebeln.

Wenn Sie Ihre Wahrnehmungsmöglichkeiten neu entdecken und leben, dann werden Sie auch an den Punkt kommen, sich selbst in verschiedenen Lebenssituationen zu beobachten. Und aus der eigenen Beobachterrolle resultiert dann das Hinterfragen der persönlichen Verhaltensweisen. Aber Vorsicht, kommen Sie nicht zu einem Minderwert, weil Sie sich Ihrer Ansicht nach in einer Lebenssituation nicht richtig verhalten haben. Manchmal kommen wir aus bestimmten Situationen nicht heraus und drehen uns wortwörtlich im Kreis. Sehen Sie sich selbst als Lebensspieler und das Leben als Erfahrungsspiel. Gehen Sie dabei mit sich selbst nicht zu hart ins Gericht, aber seien Sie ehrlich zu sich selbst.

Früher oder später werden Sie auf Ihrem Weg mit Ihren Ängsten konfrontiert werden. Auch die Angst vor etwas Bestimmten sollten Sie nicht verdrängen. Die Angst kann Sie schützen aber auch hindern, bestimmte Situationen in Ihrem Leben zu verändern. Woher kommt meine Angst? Wann hätte ich diese nicht mehr? Was muss passieren, dass ich mein Leben ohne Angst lebe. Wo die Angst ist, ist der Weg. Das sind die Worte einer weisen Frau gewesen, die ich vor vielen Jahren einmal kurz kennengelernt habe. Gehen wir Menschen durch unsere Ängste, werden wir persönlich eine Stärkung erfahren. Ich weiß aus eigener Erfahrung, dass das nicht immer leicht ist.

Das Leben in unserer Umwelt

Wir Menschen sind keine Einzelwesen. Es mag wohl einige unter uns geben, die recht einsam und allein mit sich und in der Natur leben, jedoch sind wir alle Menschen, die auf eine Gemeinschaft angewiesen sind. Wir sind somit in einer Abhängigkeit. Denken Sie nur an Lebensmittel, die Sie benötigen, um zu überleben. Irgendjemand muss sie produzieren oder die notwendigen Pflanzen wie Kartoffeln, Getreide, Gemüse und Obst anbauen. Auch müssen wir einem Beruf nachgehen, um Geld zu verdienen. Dann haben wir die Möglichkeit, Kleidung und Waren zu kaufen. Durch unser Leben sind wir Teil dieser Gemeinschaft geworden. Und dazu aufgerufen, unseren Teil zum Wohl der Gemeinschaft, der Lebewesen und des Planeten beizutragen. Somit kann das Ziel der Menschen nicht darin bestehen, ein Leben außerhalb der Gemeinschaft zu leben - trotz der Enttäuschungen, die ein Mensch bereits erlebt haben mag. Es mag wohl sein, dass es für den Einzelnen sinnvoll ist, für eine kurze Zeit die Einsamkeit zu suchen. Dabei steht dann aber auch eine persönliche Klärung seiner Person im Vordergrund. Wir benötigen Menschen, um zu kommunizieren. Dadurch erhalten wir die Möglichkeit, uns selbst und unser Verhalten zu reflektieren. Im besten Fall stellen wir fest, dass eine bestimmte Verhaltensweise zu uns passt und eine andere wiederum nicht. Da alle Menschen in unterschiedlichen, manchmal in vergleichbaren Umfeldern aufgewachsen sind, können sich bestimmte Verhaltensweisen wiederholen. Hier ist jeder von uns aufgerufen, sich selbst zu hinterfragen und ggf. einen falschen Verhaltensweg, der einmal beschritten wurde, nicht weiter zu gehen.

Das Leben in einer Gemeinschaft, sei es im beruflichen oder privaten Bereich, stellt uns immer wieder vor neue Herausforderungen. Die eigentlichen Schwierigkeiten liegen im emotionalen Bereich. Wenn Sie für sich in Ihrem Leben eine problematische Situation erkannt haben, dann gehen Sie, wie die meisten Menschen, den Weg, mit einem anderen darüber zu sprechen. Also eine weitere

Meinung einzuholen, um die bestmögliche Lösung zu finden. Außenstehende sehen die Situation, die uns beschäftigt, meist anders. Woran liegt das? Im Wesentlichen daran, dass sie die Situation nicht emotional miterleben. Und somit sind sie mehr von ihrem logischen Denken geprägt. Versuchen Sie mal folgenden Trick: Sie haben ein Problem. Nun stellen Sie sich vor, dass Ihr bester Freund/Freundin das gleiche Problem hat. Was würden Sie ihr/ihm raten? Sehen Sie, gerade in diesem Rat liegt auch Ihre Lösung. Nur wird Ihnen die Lösung in der Regel nicht gefallen. Der Grund liegt in den eigenen emotionalen Empfindungen, die mit Ihrer Problematik zusammenhängen. Dieser Trick kann Ihnen jedoch helfen, sich selbst besser zu reflektieren. Im besten Fall werden Sie Ihren eigenen Lösungsweg als richtig ansehen und diesen dann auch gehen.

Stellen Sie sich einmal die folgenden Fragen: Wann fühlen Sie sich wohl und wann ist das nicht der Fall? Was gibt Ihnen somit Energie? Und was nimmt Ihnen Energie? Sie kennen sicherlich alle die Situation, an einer Veranstaltung teilnehmen zu müssen, weil sich dahinter ein gewisser Zwang versteckt. Gerade im sogenannten Familienkreis gibt es Zusammentreffen, bei denen man bestimmten Menschen nicht aus dem Weg gehen kann. Und allein diese Vorstellung, an solch einem Familientreffen teilnehmen zu müssen, kann Ihnen schon Wochen oder Tage vorher die Stimmung verderben. Obwohl die meisten Menschen so empfinden, setzen sie sich diesen Zusammenkünften aus. Dafür bietet uns unser Verstand unendlich viele Gründe: Oftmals geht es um Verantwortung gegenüber der Familie oder darum, einen anderen Menschen nicht verletzen oder enttäuschen zu wollen. Die Folge davon ist, der Mensch setzt sich freiwillig diesem Zwang aus. Wenn Sie berücksichtigen, dass wir alle nur eine bestimmte Zeit auf diesem Planeten verbringen, sollten wir unsere Zeit nicht eher mit Menschen verbringen, die uns guttun? Gehen Sie diesen für Sie positiven Weg, so werden Sie oftmals auch allein sein. Aber dafür haben Sie die Freiheit und ein selbstbestimmtes Leben wiedergefunden. Zugegeben, im beruflichen Umfeld werden Sie ein gewisses Spiel mit unliebsamen Menschen mitspielen müssen. Auch dort gibt es Verpflichtungen, an Besprechungen teilnehmen zu müssen. Doch im privaten Bereich können und sollten Sie selbst festlegen, wie und mit wem Sie Ihre Zeit verbringen.

Es gibt nun Menschen, die versuchen, ihr Leben ausschließlich rational zu sehen. Nach Möglichkeit sollen keine Emotionen nach außen gezeigt werden. Emotionen und Gefühle zu zeigen entspricht nicht ihrem angelernten Verhalten. Das, was als Kind noch wichtig war, wurde, aus welchen Gründen auch immer, von ihnen unterdrückt. Man nimmt dieses Verhalten sehr oft bei sogenannten Führungskräften wahr. Es sind Manager und Politiker, die dadurch eine vermeintliche Stärke nach außen spiegeln möchten. Gewissermaßen ist es aus ihrer Sicht ein Schutz. Ein Mensch, der Gefühle zeigt, kann nicht als souverän gelten, wenn er seine Mitarbeiter entlässt. Gefühle bei Entlassungen zu zeigen, ist für die meisten dieser Zeitgenossen ein Eingeständnis von Schwäche. Als ich in den 80er Jahren in einem Industrieunternehmen beschäftigt war, hatte ich einen sehr launischen Chef. Er war recht impulsiv, und da ihm das Unternehmen gehörte, konnte er sich seine Ausfälle erlauben. Bei all seinem Verhalten besaß er aber auch Verantwortungsbewusstsein für seine Mitarbeiter. Ging die Auftragslage einmal zurück, wurde keiner der Mitarbeiter entlassen. Sicherlich hätte er auch sein emotionales Verhalten überdenken und verändern können. Das wäre für alle Mitarbeiter von Vorteil gewesen. Jedoch findet man ein solches Verantwortungsbewusstsein für Mitarbeiter bei den heutigen, meist studierten Unternehmensleitern nur noch sehr eingeschränkt. Das ist leider eine sehr traurige Entwicklung. Besonders traurig ist es bei Menschen zu beobachten, die als Sohn, Tochter oder angeheirateter Schwiegersohn Verantwortung übertragen bekommen haben. Diese leiten ihren Status allein von ihrer Familienzugehörigkeit ab. Gerade diese könnten mit der ihnen übertragenden Macht Positives für alle Mitarbeiter bewirken. Sie haben Verantwortung für die betriebliche Gemeinschaft, leben sie aber nicht. Und leider steht bei ihnen das eigene Ego im Vordergrund. Läuft es im Unternehmen gut, dann waren ihre Entscheidungen maßgeblich. Läuft es schlecht, dann waren es die Mitarbeiter oder Berater. Sie sehen sich oftmals selbst als die Prinzen und Könige unserer heutigen Zeit an. Wir müssen weg davon, nur "Führungskräfte" in der Gesellschaft zu haben. Wir benötigen *Führungspersönlichkeiten*. Also Persönlichkeiten, die weder Statussymbole benötigen noch egoistische Verhaltensweisen an den Tag legen und die ihre Mitarbeiter achten und wertschätzen. In der Gesellschaft und Öffentlichkeit wird der Geschäftsführer oder Manager als Grund für den wirtschaftlichen Erfolg genannt. Es scheint so, als ob er alleine das gesamte Jahr am Erfolg gearbeitet hat. Daher wird er gut bezahlt. Läuft es entgegengesetzt, dann kann er sich zumindest über eine Abfindung freuen. Die Mitarbeiter jedoch werden oftmals entlassen. Dafür erwartet man natürlich ihr Verständnis, da es dem Unternehmen schlecht geht. An dieser Stelle läuft etwas grundlegend falsch. Wir müssen zurück zu vernünftigen Gehältern der Manager. Zusätzlich wäre es gut, den Mitarbeitern einen höheren Lohn zu zahlen. Dann hätte die gesamte Gesellschaft etwas davon. Denken Sie nur daran, dass dadurch zum Beispiel die Rentenkassen besser gefüllt werden würden und die Allgemeinheit keine oder nur sehr wenige verarmte Rentner unterstützen müsste. Das Allgemeinwohl muss wieder zurück in den Mittelpunkt des wirtschaftlichen Handelns gerückt werden. Aktuell geht es jedoch in eine andere Richtung, die uns in Europa noch viele Probleme bescheren wird. Aber diese Probleme schaffen wir Menschen selbst. Wir müssen weg von der "Geiz ist geil"-Mentalität. Arbeit muss sich lohnen. Ein egoistisches Verhalten in der Wirtschaft bedeutet gleichzeitig, dass die gesamte Gesellschaft und Umwelt in irgendeiner Form geschädigt wird. Das Ziel sollte und muss sein, dass der verantwortliche Unternehmer, Manager oder Politiker nicht nur fachlich, sondern auch menschlich eine Vorbildfunktion übernimmt. Das hätte eine positive Auswirkung auf deren gesamte menschliche Umgebung. Davon sind wir aber noch ein großes Stück entfernt. Es fehlt leider daran, Verantwortung für sich, sein Verhalten sowie für die Menschen und das gesamte Leben zu übernehmen. Jeder von uns hat entsprechend seines Berufes oder seines Wissens Verantwortung für sein Tun zu übernehmen. Wobei es keine kleinen oder großen Aufgaben gibt. Jeder an seinem Ort sollte die bestmögliche Leistung für die menschliche Gemeinschaft erbringen. Mit diesem Bewusstsein wären wir in dieser Welt einen erheblichen Schritt weiter, um den Herausforderungen der Zukunft begegnen zu können. Nur damit wird der Planet Erde noch in 1000 Jahren ein lebenswerter Ort sein.

Aber warum ist es so schwierig, mit einem egoistischen und somit selbstverliebten Chef, der noch zusätzlich seine Mitarbeiter als Befehlsempfänger ansieht, umzugehen? Gewissermaßen befinden wir uns in einer beruflichen und somit wirtschaftlichen Abhängigkeit. Aus kurzer Sicht können wir uns nur anpassen und müssen eine Umgehensweise für diese Situation entwickeln. Die Chefseite wird sich nicht verändern und ist in aller Regel auch immun gegen jeglichen Änderungsvorschlag. Eher müssen Mitarbeiter an Seminaren und Trainingseinheiten teilnehmen, als dieser erlauchte Kreis. Alles wird darauf hinauslaufen, einen Kompromiss einzugehen. Nur wird der Kompromiss zwangsläufig zu einer immer größeren Unzufriedenheit führen. Die Lösung aus mittlerer Sicht kann nur ein neuer Arbeitsplatz sein. Spielt man dieses ungleiche Spiel über viele Jahre oder sogar bis zu seiner Rente mit, dann werden sich körperliche Einschränkungen, wenn nicht gar Erkrankungen einstellen. Man lebt also eine Lebenssituation gegen die eigenen Wertvorstellungen.

Viele Menschen werden aber eher Gründe dafür finden, den ungeliebten Arbeitsplatz zu behalten, als einen neuen Weg zu beschreiten. Die Problematik liegt darin, den Schritt in eine ungewisse Zukunft zu gehen. Für den Verstand ist solch ein Schritt im wahrsten Sinne des Wortes immer schwer zu verstehen. Und eine ungewisse Zukunft geht bei einem Menschen verständlicherweise zusätzlich mit einer Angst einher. Nehmen sie diese Herausforderung an, dann können sie nur gewinnen. Denn wo die Angst ist, ist der Weg. Das haben Sie bereits im letzten Kapitel gelesen. Wer seinen Weg sucht, obwohl er das Angstgefühl empfindet, wird eine persönliche Stärkung erfahren. Es wird sich im Leben eine Gelassenheit einstellen, wenn ähnlich Situationen oder Ungewissheiten wieder eintreten sollten. Und diese persönliche Stärke wird der betreffende Mensch nach außen spiegeln. Die meisten Menschen haben jedoch ihr Leben so ausgerichtet, immer einen vermeintlich sicheren Weg zu gehen. Dabei ist der Verstand ein guter Partner. Denn sie werden eher 10 Gründe finden eine Lebenssituation nicht zu verändern, als einen einzigen, der dafürspricht. Und somit schneiden sie sich auch von vielen neuen Lebenserfahrungen ab. Das Leben, das einmal als Spiel des Lebens angedacht war, um vielfältige Erfahrungen zu sammeln, kann so nicht mehr von ihnen gelebt. Als Kind standen sie dem Leben offen und interessiert gegenüber. Ab dem jugendlichen Alter werden in unserer Gesellschaft oftmals die scheinbar bequemen Lebenswege bevorzugt und mögliche Risiken weitgehend ausgeschlossen.

7. Glauben und Religion

In unserer westlichen Welt spielt für einen Großteil der Menschen Religion keine große Rolle mehr. An die Stelle der Religion ist die Wissenschaft gerückt. Und solange in der Medizin eine Seele oder eine göttliche Einheit nicht gefunden wird, wird sich für die meisten Menschen an dieser Sichtweise nichts oder nur wenig ändern. Dass diese Welt und ihr Leben einzigartig sind, wird für sie keinen Gedanken wert sein. Werden sie nun auf einen Gott angesprochen, dann kommt der Einwand: Wenn es einen Gott geben würde, dann hätten wir keine Kriege in der Welt. Und da es so ist, gibt es keinen Gott. Die Welt und das Leben haben sich eben durch Zufall entwickelt. Der Tod ist für sie das endgültige Aus des Lebens. Also müssen sie zusehen, in ihrer Lebenszeit so viel wie möglich vom Leben abzubekommen. Ihr Glaube ist der Glaube an den Zufall des Lebens. Ihr Sinn des Lebens liegt im Konsumieren und einem möglichst guten Leben.

Nun gibt es in unserem Lebensumfeld die christlichen Kirchen, die sich auf die Bibel berufen. Andere Religionen beziehen sich auf eine Vielzahl von weiteren heiligen Büchern. Und diese heiligen Bücher geben den Gläubigen Verhaltensregeln zum Leben an die Hand. Sie vermitteln neben dem Glauben auch direkt oder indirekt den Sinn des Lebens. Aber welche Religion ist nun die Richtige? Das hängt sehr stark von dem jeweiligen Menschen, aber auch von seiner kulturellen Herkunft ab. Wenn wir davon ausgehen, dass es Gott gibt, gibt es für alle Menschen den gleichen Ursprung. Somit dürfte sich niemand mehr auf dieser Welt darüber streiten, welche Religion nun die richtige ist. Es sind verschiedene Wege, die zu dem gleichen Ursprung führen. Was macht es da für einen Sinn, im Namen einer Religion seine Brüder und Schwestern zu töten, nur weil sie einen anderen religiösen Weg beschritten haben? Das alles ist und bleibt Irrsinn. Der Glaube religiöser Menschen bezieht sich meist auf einen Gott, bei einigen Religionen auch auf das Eingehen in eine göttliche Einheit. Ihr tieferer Sinn des Lebens besteht darin, wenn dieser Glauben wirklich gelebt wird, in einem gottgefälligen Leben und dem Streben, einem Gott näher zu kommen.

Natürlich gibt es auch Menschen, die sich als Freidenker bezeichnen. Aus Enttäuschungen über die bestehenden Religionen oder einem dieser religiösen Vertreter suchen sie selbst nach einem höheren Sinn im Leben. Nur mit den bestehenden Kirchen möchten sie nichts mehr zu tun haben. Aus den verschiedenen Religionen kombinieren sie das für sie passende zusammen. Oftmals bezeichnen sie sich als Esoteriker, wobei der esoterische Bereich eine Vielzahl von Beschäftigungsfeldern bietet. Menschen mit Angst vor Entscheidungen oder der Zukunft suchen den Kartenleger, Astrologen oder den Anbieter einer anderen Disziplin auf. Sie schenken ihrem Ratgeber Vertrauen und geben damit auch einen Teil ihres selbstbestimmten Lebens ab. Jedoch wird, dass nie ein Ende finden, solange sie der Meinung sind, dass ein anderer Mensch, sei es ein Ratgeber, Lehrer oder Meister mehr über das Leben weiß, als sie selbst. Sie glauben somit an einen höheren Sinn im Leben und wollen nach Möglichkeit in ihrer persönlichen Entwicklung weiter vorankommen.

Allen Menschen ist gemeinsam, dass sie an etwas glauben. Entweder an den Zufall des Lebens, einen Gott oder einen höheren Sinn in ihrem Leben. Glauben bedeutet aber noch lange nicht, etwas zu wissen.

8. Vom Glauben zum Wissen

Am Anfang eines Lernprozesses steht in unserer gegenständlichen Welt immer der Glaube. Ein Kind, das rechnen lernt, muss dem Lehrer glauben, dass 1 + 1 die Zahl 2 ergibt. Und wenn es diesen Glauben verinnerlicht hat, dann ist aus dem Glauben Wissen geworden. Hieraus resultiert bestenfalls die Anwendung des Wissens. Genau so verhält es sich auch mit dem Glauben an einen Gott. Solange man nur glaubt, weiß man nicht, dass es wirklich einen Gott gibt. Aber warum geben sich nun die meisten Menschen mit einem Glauben zufrieden? Fehlt ihnen der Wille oder die Vorstellung wirklich zu erfahren, wie es sich um einen Gott verhält? Halten sie es überhaupt möglich, einen Weg zu finden, um sich selbst davon zu überzeugen?

Es mag viele Gründe geben, die Menschen bewegen, sich mit ihrem Glauben zufriedenzugeben. Für manche Menschen ist es ein Rettungsanker, denn da sie nicht wirklich glauben, es aber sein könnte, dass es einen Gott gibt, gehen sie auf Nummer sicher. Und auch die christlichen Kirchen versprechen den Menschen, durch den rechten Glauben nach ihrem Tod gerettet zu werden. Mehr ist somit überhaupt nicht nötig. Und für das eigene sündige oder fehlerhafte Leben, reicht es aus, dass bereits Jesus vor 2000 Jahren am Kreuz hierfür gestorben ist. Ein Mensch, der verinnerlicht hat, bereits ein Sünder zu sein, wird sich demnach sehr minderwertig Gott gegenüber sehen. Den Kontakt zu Gott mögen viele Gläubige dann über ihren Kirchenoberen sehen, denn dieser müsste ihm ja viel näher sein als sie selbst. Auf den Punkt gebracht, sehen sich die meisten Gläubigen gegenüber der Schöpfung und somit Gott als minderwertig an. Meistens sind diese und weitere Gründe in der Person des Gläubigen zu finden. Möglicherweise hat der gläubige Mensch einen großen Fehler in seinem Leben gemacht, gegen religiöse Gebote verstoßen und meint somit, es nicht wert zu sein, einen direkten Kontakt herzustellen. Manche Gläubige haben auch die Vorstellung, dass Leben Leiden bedeutet. Sie erleiden dann alle möglichen und unmöglichen Lebenssituationen und hoffen auf ihre Erlösung nach dem Tod.

In der christlichen Kirche wird durch ein Gebet der Kontakt zu Gott gesucht. Abgesehen von vielen Gläubigen, die das Gebet nur benutzen, um ihre Bitten loszuwerden, suchen einige ein Gespräch mit dieser Instanz. Wenn jedoch einer dieser Gläubigen mit Gott ein Zwiegespräch hatte und davon auch noch erzählt, wird er sofort kritisch betrachtet. Er sieht sich dann entsprechenden Fragen ausgesetzt: Ist es nicht nur eine Einbildung von Dir? Solltest Du Dich nicht mal in psychologische Behandlung begeben? Kannst Du so eine Erfahrung überhaupt für Dich in Anspruch nehmen? Bist Du nicht etwas abgehoben? Der Mensch wird dann gleich als verrückt angesehen. In gewisser Weise stimmt das auch. Er ist dem Standpunkt von anderen Menschen entrückt und diese können oder wollen ihm nicht mehr folgen. Besonders, wenn er dann auch noch Verhaltensregeln in diesem Gespräch erfahren hat, die den überlieferten religiösen Vorschriften widersprechen. Dann wird er im wahrsten Sinne des Wortes "zum Teufel" gejagt. Denn durch diesen persönlichen Kontakt kann und wird indirekt die gesamte kirchliche Institution angegriffen. Es verhält sich wie in einer Armee, die auch nur funktionieren kann, wenn alle mitspielen und nach Möglichkeit nichts infrage stellen. Jede innere kritische Auseinandersetzung in solch einer Gemeinschaft kann dazu führen, dass diese Institutionen auseinanderbrechen.

Wie kommt nun ein Mensch vom Glauben zum Wissen? Es gibt genaugenommen zwei Wege. Der eine Weg führt zuerst über den

Verstand und geht dann in den Weg des Herzens über. Den Ursprung, also Gott nur über den Verstand zu erfassen, wird nicht möglich sein. Genauso wenig könnte ihr Verstand den Begriff Liebe erklären. Nach unserer Geburt auf der Erde benötigen wir jedoch den Verstand. Er hilft uns, diese Welt zu strukturieren und uns in dieser einzuordnen. Wir führen gewissermaßen ein eigenes Leben auf dieser Welt und haben zusätzlich den bewussten Kontakt zu unserer geistigen Heimat verloren. Somit kommt dem Verstand eine große Bedeutung und Macht zu. Wir haben gelernt, gerade in der westlichen Welt auf unseren Verstand zu hören. Er soll uns leiten. Und mit ihm ist alles zu erklären. Wenn der Mensch einen Kartenleger besucht, um über seine Zukunft etwas zu erfahren, dann geht er den Weg des Verstandes. Das gleich gilt auch für den Kartenleger. Beide versuchen, die Welt über ihren Verstand zu erklären. Es gibt sogar Numerolgen, bei denen auch die Nr. des Strom- oder Wasserzählers nach einer Interpretation verlangen. Aus allen Umständen und Gegebenheiten werden Gesetzmäßigkeiten interpretiert. Immer nach der Devise, es gibt keine Zufälle. Alles im Leben muss einen tieferen Sinn haben. Und der ist nun mal nur über den Verstand zu erfahren und zu erklären. Dieser Weg führt irgendwann einmal in eine Sackgasse, aus der es kein Entrinnen mehr gibt, solange der Verstand die Herrschaft behält. Die Lösung und somit Erlösung für den Menschen liegt darin, den Weg des Herzens zu beschreiten. Oder anders ausgedrückt, den Verstand unter die Herrschaft des Herzens zu stellen.

Der direkte Weg ist der Weg des Herzens. Sicherlich mag es nur wenige Menschen bisher auf der Welt gegeben haben, die diesen Weg bereits in frühen Kinderjahren gegangen sind. Der Weg des Herzens ist der Weg der Stille. Der Verstand wird sich immer wieder mit Gedanken melden. Mit der Zeit wird er ruhiger werden. Ziel ist es nicht, keine Gedanken mehr zu haben. Denn selbst wenn sie sich vornehmen an nichts zu denken, dann ist dieser Gedanke ja auch ein Gedanke. Sie sollen zur Ruhe und somit in eine zeitweise Stille kommen. Und in diesem Zustand wird es möglich sein, dass Sie Ihr wirkliches Wesen wahrnehmen. Das kann sich zum Beispiel durch Inspirationen zeigen. Und auch ihre Intuition, also der bewusste Zugang zu Ihrer inneren Stimme, wird dadurch wieder gewährleistet werden. Damit ist nicht das Bauchgefühl gemeint, das viele Menschen für sich in Anspruch nehmen, um Entscheidungen zu fällen. Dieses Bauchgefühl wird immer durch Emotionen beeinflusst werden. Die Intuition, also ihre innere Stimme, kennt keine emotionalen Eintrübungen. Genauso wenig wie irgendwelche Begründungen, die Ihr Verstand benötigt, damit er eine Abschätzung vornehmen kann. Ihre innewohnende Weisheit lässt sich nicht beweisen, aber sie wird sich erweisen. Jeder Mensch besitzt diese Möglichkeit, ob es ihm bewusst oder nicht bewusst ist.

9. Möglichkeiten die Welt zu verändern

Vorstellungskraft und Träume

Stellen Sie sich einmal vor, Sie sitzen gerade in einem Straßencafé in ihrer Heimatstadt. Sie schauen den Menschen zu wie sie die Straßenseite wechseln, sich begrüßen, sich unterhalten, lachen und verabschieden. Vielleicht erinnern Sie sich über diese Beobachtungen selbst an eine Reise oder ein Erlebnis, dass Sie bereits in einer anderen Stadt gemacht haben. Das kann mit ihren aktuellen Beobachtungen zusammenhängen oder auch in keinem direkten Zusammenhang stehen. Jedenfalls können Sie förmlich die erlebten Situationen ihrer vergangenen Reise ohne zeitliche Verzögerung wieder erleben. Diese Reise zurück ist in ihrem Geiste, also in ihrer Erinnerung, zu fast jedem Zeitpunkt ihres Lebens möglich.

Diese Möglichkeit besitzen Sie auch in einem weiteren Zusammenhang. Der Unterschied besteht nur darin, dass Sie im ersten Fall bereits etwas erlebt haben und im zweiten Fall ihrer Zukunft entgegengehen. Ihre geistige Vorstellung kann auch Ihre oder die Zukunft der Menschheit in den Mittelpunkt stellen. Zum Beispiel könnten Sie Vorstellungen kreieren, die das zukünftige Bildungssystem neu abbilden. Wie wird sich der Umgang unter Schülern und zwischen Schülern und Lehrern entwickeln? Welche Fächer sollten in der Schule ihrer Zukunftsvorstellung unterrichtet werden. Oder wie wird in der Zukunft die Versorgung und Pflege von alten Menschen in unserer Gesellschaft gewährleistet werden? Es kann so viele geistige Projekte geben, wie es Menschen auf der Welt gibt. Aber achten Sie darauf, dass ihre geistigen Projekte zum Wohl aller Lebewesen einschließlich der Menschen und der Erde dienen. In der Folge erhalten Sie eine weitere Übung. Sie kommt Ihnen bestimmt bekannt vor, jedoch geht diese nun einen Schritt weiter.

10. Der Weg der Stille 2

Atmen Sie ruhig oder atmen Sie zurzeit schnell? Wichtig ist es, dass Sie zur Ruhe kommen. Und Sie sollten die Meditationsübung erst beginnen, wenn Sie ganz ruhig atmen.

Ihre Füße haben direkten Kontakt mit der Erde bzw. dem Boden. Ihr Rücken sollte gerade aufgerichtet sein und Ihre Hände liegen nach oben geöffnet auf Ihren Oberschenkeln.

Und nun schließen Sie die Augen. Gehen Sie im Bewusstsein von Ihren Augen zum Anfang Ihrer Wirbelsäule. Von dort gehen Sie jeden einzelnen Wirbel Ihrer Wirbelsäule langsam herunter, bis Sie das Ende erreicht haben. Lassen Sie sich für diesen Weg Zeit und gehen Sie achtsam diesen Weg. Wenn Sie dort angekommen sind, dann lassen Sie sich mit Ihrem Bewusstsein in Ihr Hüftbecken fallen. Und dort bleiben Sie.

Was empfinden Sie? Nehmen Sie alle Eindrücke wahr, ohne Wertung. Hier können Sie SEIN. Sie müssen nichts erreichen oder tun. Sie sind einfach nur. Vielleicht steigen wieder einige Gedanken in Ihnen auf. Nehmen Sie diese und setzen Sie sie in Ihrer Vorstellung auf eine Wolke. Und senden Sie die Wolke in Ihrer Vorstellung weg.

Und nach einiger Zeit gehen Sie mit Ihrem Bewusstsein von Ihrem Becken zu Ihrem Herz. Stellen Sie sich nun vor, dass Sie sich in Ihrem Herzen befinden.

Und hier können Sie nun ihre geistigen Vorstellungen zu einer neuen Welt oder zu einem Teilbereich des menschlichen Lebens hinaussenden.

Den Rückweg beginnen Sie von Ihrem Herzen aus, zum Becken und dort wieder zum Steißbein. Von dort gehen Sie achtsam in Ihrem Tempo die Wirbelsäule, Wirbel um Wirbel, wieder hinauf. Am Anfang der Wirbelsäule angelangt gehen Sie mit Ihrem Bewusstsein wieder zu Ihren Augen und öffnen Sie diese. Und nun danken Sie, ob Sie etwas erlebt haben oder auch nicht. Wichtig ist, dass Sie danken und zwar dem oder das, was Sie als das Höchste im Universum ansehen.

Diese Übung wird Ihnen und uns allen helfen, diese Welt zu einem besseren Ort zu machen. Sie müssen nicht demonstrieren gehen, Sie können an jedem Ort der Welt diese Möglichkeit der Veränderung wahrnehmen. Kein Geheimdienst und keine Armee können Sie aufhalten. Es ist eine mächtige Möglichkeit, die jeder Mensch zum Wohl der menschlichen Gemeinschaft, aller Lebewesen und des Planeten Erde, anwenden kann und anwenden sollte.

11. Die zukünftige Entwicklung der Menschheit

Sicherlich haben Sie bereits von den recht vielen Vorhersagungen, die unser Leben und unsere Welt betreffen, gehört oder gelesen. Die Weissagungen eines Nostradamus, der im Mittelalter gelebt haben soll, sind immer wieder aufs Neue Bestandteil in unserer Medienwelt. Zusätzlich gibt es Menschen, die Channeling-Medien besuchen, um etwas über sich und die weitere Weltentwicklung zu erfahren. Die Angst vor der eigenen Zukunft und das Leben in einer Welt, die immer unberechenbarer wird, treiben die Menschen zum "Wissen wollen" an.

Somit hat diese Angst auch einen positiven Anteil. Denn sie kann die Basis für etwas Neues sein. Den Menschen wird die eigene Verantwortung für diese Welt wieder bewusst. Leider gibt es aber noch eine Vielzahl von Menschen, die in einer scheinbaren geistigen Umnachtung leben. Zusätzlich lassen diese ihrem Ego, also ihrem Ich-Anspruch freien Lauf, und dass ohne jegliche Rücksicht. Darin liegt das eigentliche Übel in unserer Zeit.

Wenn Sie dieses Buch bisher aufmerksam gelesen haben, dann erinnern sie sich vielleicht daran, ein geistiges Wesen zu sein. Sie besitzen einen Körper, sind aber nicht dieser Körper. Und Sie haben gelesen, dass ein Lebenssinn darin besteht, sich seiner wirklichen Herkunft wieder gewahr zu werden. Jeder Mensch, ob er es wahrhaben will oder auch nicht, besitzt diesen göttlichen Anteil. Dieser Anteil wird als Seele, Selbst oder göttlicher Funken bezeichnet. Sie sind somit nicht weniger oder mehr göttlich als ein Jesus, Buddha oder ein anderer Religionsgründer. Das Einzige, was sie tun müssen, ist, den eigenen Vorhang beiseite zu ziehen, der ihre Sicht verdeckt. Wenn somit alle Menschen einen Teil dieser göttlichen Instanz besitzen, dann müssen sie zwangsläufig auch über Möglichkeiten verfügen, Einfluss auf das Weltgeschehen zu nehmen.

Auf der Ebene des Tagesbewusstseins könnten sie sich bewusster verhalten. Also sich gesund ernähren, Müll vermeiden und ihr gesamtes Handeln so ausrichten, das die Lebewesen und Ressourcen dieser Welt geschützt werden. Auf einer geistigen Ebene ist über die Stilleübung 2, die Sie kennen gelernt haben, noch ein größerer Einfluss auf die Entwicklung dieser Welt möglich. Und Ihre geistigen Vorstellungen oder Träume von einer besseren Welt könnten zur Wirklichkeit werden. Ihr Verstand wird Ihnen gleich erzählen, dass meine Aussage nicht funktionieren kann. Doch hören Sie nicht auf ihn. Sie sind nicht Ihr Verstand. Probieren Sie es aus. Sie haben die Macht, in gewisser Weise selbst zum Schöpfer zu werden. Das kann sich auf Ihre Zukunft und auf die Zukunft der Welt beziehen. Je mehr Menschen sich aktiv dieser Aufgabe stellen, umso größer werden die Auswirkungen auf die Menschheit sein. Sie und ich, wir alle haben die Verantwortung, dass diese Welt weiterhin ein Ort des Lebens bleiben kann.

Nachwort

Wie sie sicherlich beim Lesen nachvollziehen konnten, steht und fällt die weitere Entwicklung unserer Welt mit den Menschen. Aus meiner Sicht ist bei den heutigen Erwachsenen ein größeres Bewusstsein für die Umwelt und menschliche Entwicklung vorhanden, als es noch vor Jahren war. Auch in vielen muslimischen Ländern erwarten die Menschen neben ihrer Religion ein freieres Leben. Wenn es uns gelingt, den heutigen und zukünftigen Kindern in der gesamten Welt eine bewusste Erziehung und Bildung zukommen zu lassen, dann kann etwas Neues entstehen. Das setzt aber voraus, dass wir nicht nur von Liebe gegenüber aller Lebewesen sprechen, sondern diese auch leben. Nur einen Glauben zu leben und die Liebe zu vergessen, macht junge genauso wie ältere Menschen fanatisch. Der reine Glaube wird immer nur über den Verstand gelebt werden. Und wenn junge Menschen bereits den Zugang zu ihrer inneren Stimme erfahren und leben, kann aus dem Glauben Wissen werden. Gerade das sollte das Ziel jedes Menschen sein, ob er heute nun 80 Jahre alt ist oder jünger. Nur das kann der Weg sein, die Welt für die nächsten Generationen als lebenswerten Ort zu bewahren. Vielleicht werden Sie nach diesen Schlussworten nachdenklicher werden. Seien Sie sich bewusst, dass alle Menschen, die es wollen, die Möglichkeiten haben, diese Welt zu verändern. Damit wird ein neues Zeitalter im Zusammenleben der gesamten Menschheit ermöglicht. Lassen Sie uns heute noch beginnen. Ich kann Ihnen versichern, dass in dem Teil der Welt, der vor unseren Augen verschlossen ist, eine große Anzahl von geistigen Wesen bereits an dieser Aufgabe arbeitet. Jedoch benötigen sie auch auf unserer Ebene Menschen, die sich dieser Aufgabe stellen. Und dazu möchte ich Sie einladen.